Reise durch

KANADA

Bilder von
Martin Schulte-Kellinghaus,
Erich Spiegelhalter und
Karl-Heinz Raach

Texte von
Walter Herdrich und
Kirsten Wechsel

Stürtz

MALIGNE TO
BOAT HOUS

RS
LUND

Erste Seite:
Die von den Indianerstämmen der Pazifikküste kunstvoll geschnitzten Totempfähle in Ksan Indian Village stellen Wappentiere und Ereignisse aus der Familiengeschichte dar.

Vorherige Seite:
Kanus für Angeltouren kann man am historischen Bootshaus mieten. Der Maligne Lake im Jasper National Park ist für seine »Rekordforellen« berühmt.

Unten:
Gleich mehrere Arten von Walen leben an der Westküste von Kanada. Hier bei Telegraph Cove, im Norden von Vancouver Island, können sie während ihrer Wanderung beobachtet werden.

Seite 10/11: Nur einen Katzensprung nördlich von Montréal liegt das Bergland der Laurentides mit seinen stillen Seen. Im Herbst leuchten die Wälder in flammenden Farben.

Inhalt

Kanada – weites Land von Meer zu Meer

Schnurgerade zielt der Highway 5 auf die Berge des Waterton Lakes National Parks im Süden Albertas. Es ist gut zu verstehen, warum die ersten weißen Entdecker – die ja von Osten kamen – die Bergkette »Rocky Mountains« nannten. Das trockene Klima lässt die Ostflanke der Berge kahl und unwirtlich erscheinen – ein Felsengebirge eben.

Mit einer Fläche von rund zehn Millionen Quadratkilometern ist Kanada das zweitgrößte Land der Welt. Riesige, zum großen Teil unberührte Waldgebiete, mehr als die Hälfte aller Süßwasserseen der Erde, Gebirgszüge mit gewaltigen Gletschern und weite Prärien, über die einst die Bisonherden zogen und auf denen heute Weizen angebaut wird, liegen in diesem Staat.

Politisch ist das Land seit der Gründung des »Dominion of Canada« im Jahre 1867 eine Föderation. Als Mitglied des Commonwealth ist die Queen noch immer das Staatsoberhaupt, sie hat jedoch keine politische Macht mehr. Regiert wird Kanada von der Bundesregierung in Ottawa, die auch das Yukon Territory und die Northwest Territories verwaltet. Die Provinzen hingegen – Neufundland, Nova Scotia, New Brunswick, Québec, Ontario, Manitoba, British Columbia, Prince Edward Island, Saskatchewan, Alberta und das neu gegründete Territorium Nunavut – sind weitgehend unabhängig. Vor allem über das Bildungs- und Gesundheitswesen, die Justiz und über ihre Bodenschätze bestimmen sie selbst. Nunavut mit der Hauptstadt Iqaluit ist im April 1999 aus einem Teil des Northwest Territoriums entstanden. Die dort lebenden Inuit verwirklichten damit die seit Langem angestrebte Selbstverwaltung. Québec, die Provinz der Frankokanadier, führt zudem eine weitgehend eigenständige Außenpolitik. Die politischen Spannungen zwischen dem englischsprachigen und dem französischsprachigen Teil des Landes, wie sie heute in der Separationsbewegung Québecs zutage treten, haben ihre Wurzeln in den historischen Auseinandersetzungen zwischen den früheren Kolonialmächten Großbritannien und Frankreich.

Die Entdeckung Kanadas

»Wenn die gewaltige Ausdehnung des atlantischen Meeres es nicht unmöglich machte, könnten wir die Strecke von Iberien bis nach Indien längs desselben Breitengrades durchsegeln.« Während Eratosthenes im dritten Jahrhundert vor Christus den Atlantik noch als eine unbezwingbare Barriere betrachtete,

machten sich seit dem 15. Jahrhundert immer mehr Seeleute im Dienste der mächtigsten Fürsten Europas auf die Suche nach einem Seeweg ins ferne Indien und China, die mit sagenumwobenen Reichtümern lockten. Der selbstbewusste Renaissancemensch glaubte an seine Fähigkeit, auch unüberwindlich scheinende Hindernisse zu meistern. Und so gelangten die ersten Europäer im 15. Jahrhundert nach Nordamerika.

Bei einer Reise über den Atlantik entdeckte der in englischen Diensten stehende venezianische Seefahrer Giovanni Caboto – in die Geschichte ging er als John Cabot ein – die Küste Neufundlands, die er für den englischen König Henry VII. in Besitz nahm. Hätte er von Goldschätzen der Indianer berichten können, wie wenige Jahre zuvor Christoph Kolumbus, wäre er von seinem Dienstherrn wohl besser entlohnt worden. So aber bekam Cabot nur zehn Pfund für seine Entdeckung. Trotzdem blieb sie nicht ohne Folgen, wenn auch nicht des unwirtlichen Küstenstreifens halber. Cabot und seine Mannschaft wussten von riesigen Kabeljauschwärmen in den Gewässern vor der neufundländischen Küste zu berichten. Der Fischreichtum lockte bald wagemutige bretonische, englische, spanische und portugiesische Fischer an, die ihren Fang gepökelt oder getrocknet in der Alten Welt verkauften. Wie viele Seeleute dabei umkamen, darüber ist nichts bekannt.

Im Gegensatz dazu sind die Expeditionen im Auftrag der Fürsten, die sich größere Macht, Ruhm und Reichtum davon versprachen, wohl dokumentiert. Die Geschichte dieser Reisen, die auf der Suche nach der Nordwestpassage häufig im ewigen Eis Nordkanadas endeten, ist eine Geschichte des Scheiterns. Und doch haben diese Expeditionen unser Geschichtsbild geprägt. Viele Seewege und Landstriche Kanadas tragen heute die Namen ihrer Entdecker. Bereits 1576 drang Martin Frobisher bis Frobisher Bay bei Baffin Island vor. Auf seiner dritten Reise 1578 verschwand er für immer im Eis. Henry Hudson versuchte im Jahre 1607 China über den Nordpol zu erreichen und konnte bis zum 80. Breitengrad vordringen, nur 1000 Kilometer vom Nordpol entfernt. Auf seiner vierten Reise 1610 entdeckte er die Hudson Bay, an deren Südspitze er überwinterte. Auf der Rückreise meuterte die leidgeprüfte Mannschaft – von den einfachen Seeleuten ist in den Berichten über die Entdecker selten die Rede – und setzte ihn, seinen Sohn und einige Getreue in einem kleinen Boot aus. Doch auch die Meuterer überlebten nicht lage, zurück in England wurden sie für ihr Aufbegehren gehängt. Wer nicht im Eis verschwand, starb oft

Mary's Harbour an der Küste von Süd-Labrador entstand im 19. Jahrhundert, als Fischer aus Newfoundland von jenseits der Strait of Belle Isle ihre provisorischen Sommerlager zu ständigen Siedlungen ausbauten. Die Fischer, die nun auch im Winter blieben, nannten sich »livyers«, »Leute die hier leben«, abgeleitet von »live here's«.

an Skorbut. Und als John Rae Ende des 19. Jahrhunderts bei einer Reise durch die Arktis die Überreste der Franklinexpedition von 1821 entdeckte, zeigten seine Funde, dass die letzten Überlebenden zu Kannibalen geworden waren. Dem Bericht von Rae wurde in Großbritannien die Anerkennung verweigert, denn seine Schlussfolgerungen ließen sich mit dem Bild des britischen Gentleman-Entdeckers nicht vereinbaren. Die Historiker des 19. Jahrhunderts zogen es vor, ein romantisch verklärtes Bild der großen Entdecker zu vermitteln.

Die ersten Siedler

Um 10 000 vor Christus gelangten die Vorfahren der heutigen Indianer und Inuit (Eskimos) vom asiatischen Festland nach Nordamerika, die durch eine Landbrücke im Bereich der heutigen Beringstraße miteinander verbunden waren. Die ersten Bewohner des Landes trotzten den extremen Klimaverhältnissen ihrer Umgebung als Jäger und Sammler. Die Ureinwohner lebten vom Fisch- und Walfang an den Küsten, zogen über die Prärien im Westen, durch die Wälder im Osten oder die Eiswüsten im äußersten Norden. Als im 15. Jahrhundert die Europäer Kanada entdeckten, trafen sie zuerst auf die Beothuk, ein friedliches Sammlervolk auf Neufundland, das von den Fischern, die von Cabots Berichten gelockt die fremde Küste aufsuchten, bald ausgerottet wurde. Die britischen und französischen Fischer gingen an Land, um ihren Fisch zu trocknen, errichteten aber keine dauerhaften Siedlungen.

Die ersten Versuche einer Kolonialisierung des Landes unternahm zu Beginn des 16. Jahrhunderts der Franzose Jacques Cartier, der auf der Suche nach einer Nordwestpassage den St. Lawrence River flussaufwärts fuhr. Cartier machte mehrere Erkundungsfahrten und leitete den Tauschhandel mit den Indianern ein. Aber erst seinem Landsmann Samuel de Champlain gelang auf Dauer die Gründung einer europäischen Siedlung. Champlain kam nach Kanada, um mit Biberpelzen zu handeln, für die er einen hohen Preis erzielen konnte, denn die Nachfrage nach Biberpelzen für die Herstellung modischer Hüte war groß. Auf einem Hügel am St. Lawrence River, der in der Sprache der Indianer »Québec« hieß, entstand die erste Handelsniederlassung. Champlain pflegte gute

Beziehungen zu den Indianern und sicherte sich mit diplomatischem Geschick die Loyalität der Stammeshäuptlinge. Mit Hilfe der Indianer lernten die französischen Pelzjäger die natürlichen Gegebenheiten der Wälder kennen und es gelang ihnen, dort Fuß zu fassen. Damit setzte auch das Interesse für das Landesinnere ein, Champlain selbst reiste bis zum Huron-See, um neue Handelsposten zu errichten. Der Pelzhandel wurde somit zur wirtschaftlichen Grundlage für die Besiedelung des Landes.
Die Engländer gründeten ihre ersten Kolonien weiter südlich, auf dem Gebiet der heutigen USA, in Neufundland und Nova Scotia. Robert Hayman (1579–1631), Gouverneur von Neufundland, versuchte mit selbstverfassten Gedichten Siedler für die fremde »Neue Welt« zu gewinnen: »Ihr süßen Kreaturen, verstündet ihr das angenehme Leben, das in Neufundland euch erwartet, ihr würdet unter Tränen euch sehnen, dahin zu gelangen.« So lautet sinngemäß Haymans Loblied auf seine Kolonie, weiterhin verspricht er gesunde Luft sowie reiche Fisch- und Wildbestände. Neufundland, zuvor noch als unwirtlich und karg erachtet, wird nun als Schlaraffenland gepriesen.

Die Wurzeln des englisch-französischen Konflikts

Mit der Gründung englischer Kolonien begann der Konflikt zwischen Franzosen und Engländern in Nordamerika. Im Jahre 1670 entstand die Hudson Bay Company, die an den Flussmündungen der Hudson Bay Handelsposten errichtete. Der englische König Charles II. übertrug der Gesellschaft das überaus einträgliche Pelzhandelsmonopol für das riesige Gebiet der Hudson Bay sowie das Recht, über Gesetze, Krieg und Frieden mit »jedem nichtchristlichen Volke in diesen Gegenden« zu beschließen. Als die Franzosen mit der Einrichtung eigener Handelsposten begannen, kam es zu Auseinandersetzungen zwischen England und Frankreich. Seit 1689 standen sich die beiden Nationen auch in Europa als Kriegsgegner gegenüber. In Nordamerika kämpften die Siedlergemeinschaften der Engländer und Franzosen gegeneinander. 1754 brach dann erneut Krieg zwischen Briten und Franzosen aus. Er endete mit der Niederlage der Franzosen, die 1763 im Frieden von Paris ihre Kolonien in Nordamerika an Großbritannien abtreten mussten. Ein Teil der französischen Siedler blieb zurück, vor allem Kleinbauern, Trapper und Händler, die sich eine Existenz aufgebaut und sich an das Leben in der Wildnis gewöhnt hatten. An ihrem katholischen Glauben, den dörflichen Strukturen, ihrer Sprache und Kultur, die sie aus Frankreich mit in die Neue Welt gebracht hat-

Die rauschenden Wasser der Sunwapta Falls begleiten den Reisenden auf dem Icefields Parkway bei der Fahrt durch das weite, von Gletschern geformte Tal des Sunwapta River im Jasper National Park.

ten, hielten sie auch nach dem Sieg der Engländer fest. Damit waren Spannungen zwischen der französischsprachigen, katholischen und der englischsprachigen, protestantischen Bevölkerung bereits angelegt. 1791 erhielt die französischsprachige Provinz eine eigene gesetzgebende Versammlung. Seither verfolgt der frankophone Teil Kanadas – etwa 23 Prozent der Gesamtbevölkerung, von denen die Mehrheit in der Provinz Québec lebt – kulturell wie institutionell seine eigene Politik. Die vergangenen 200 Jahre haben die beiden Sprachgruppen einander nicht nähergebracht, sondern die Abgrenzung voneinander eher noch verstärkt. Als Kanada 1982 seine Verfassung verabschiedete – zuvor war nach britischen Gesetzen und Präzedenzfällen regiert worden – verweigerte Québec die Unterschrift und wurde schließlich durch den Mehrheitsbeschluss der englischsprachigen Provinzen zur Annahme gezwungen.

Die Erschließung des Westens

Die Besiedelung des Westens wurde vor allem durch die Trapper eingeleitet, die auf der Suche nach neuen Jagdgebieten immer weiter in das noch unerschlossene Land vordrangen. Gegen Ende des 18. Jahrhunderts bekam die Hudson Bay Company Konkurrenz durch die Gründung der Northwest Trading Company, die mit Tierfellen aus den Rocky Mountains handelte. Die Trapper, »voyageurs« genannt, transportierten die Felle in ihren Kanus bis nach Montreal, wo sie für den europäischen Markt verschifft wurden. Die Reisen – auf dem Rückweg waren die »voyageurs« mit Proviant für die Handelsposten beladen – führten durch gefährliche Stromschnellen und dauerten gewöhnlich sechs bis acht Wochen. Nach und nach wurden so im Westen einzelne Kolonien gegründet, aus denen schließlich die heutigen Provinzen entstanden. Hier siedelten sich vor allem die Einwanderer an – zunächst vorrangig Schotten und Iren – die im 19. Jahrhundert nach Kanada strömten, um den Hungersnöten in Europa zu entfliehen. Später emigrierten Menschen aus aller Welt auf der Flucht vor religiöser Verfolgung oder auf der Suche nach einer besseren Existenzgrundlage nach Nordamerika. Ihnen verdankt Kanada heute seine lebendige kulturelle Vielfalt.

Als in den 60er Jahren des 19. Jahrhunderts der amerikanische Bürgerkrieg zwischen Südstaaten und Nordstaaten ausbrach, fürchtete man im britischen Norden eine Invasion. Großbritannien hatte die Konföderation der Südstaaten anerkannt, und in den Nordstaaten wurde die Forderung nach Vergeltung laut. Als Schutzmaßnahme fanden die britischen Kolonialherren eine politische Lösung: Durch die Vereinigung der Kolonien sollten die Nordstaaten von einem Angriff abgehalten werden. Mit der britischen Nordamerika-Akte wurde 1867 die Gründung eines autonomen Dominion beschlossen, dem sich zunächst allerdings nur wenige Kolonien anschlossen. Die Nordstaaten respektierten jedoch die Souveränität und Frieden konnte bewahrt werden. Damit war der Grundstein für die heutige Föderation gelegt.
In den 70er Jahren des 19. Jahrhunderts hatte man mit dem Bau der Eisenbahn begonnen. Der neu gegründeten Pacific Railway Company gelang es schließlich, eine 7000 Kilometer lange Verbindung zwischen Atlantik und Pazifik herzustellen, die die einzelnen Provinzen, die bis dato ihre Unabhängigkeit auch aufgrund der geografischen Gegebenheiten bewahrt hatten, miteinander verknüpfte. Bis zur Fertigstellung des Trans-Canada-Highways 1970 war die Bahn die wichtigste Verbindung zwischen West und Ost.

Indianer und Inuit

Anders als in den Vereinigten Staaten hat es in Kanada keine Indianerkriege gegeben, wenn auch französische wie britische Kolonialherren die Indianer immer wieder für ihre Zwecke instrumentalisiert haben. Als die Europäer im 17. Jahrhundert die ersten Siedlungen gründeten, trafen sie zwei mächtige rivalisierende Völker an, Huronen und Irokesen. Die ersten französischen Pelzhändler verbündeten sich mit den Huronen und es kam zu ständigen Auseinandersetzungen zwischen den Siedlern »Neufrankreichs« und den gegnerischen Irokesen. Die Konkurrenz zwischen den feindlichen Stämmen war durch die europäischen Siedler noch verstärkt worden. Um Siedler und Pelzhändler zu schützen, reagierten die Franzosen mit Strafexpeditionen, die die Irokesen zurückdrängen sollten. Während der Konflikte zwischen Engländern und Franzosen kämpften die Irokesen auf Seiten der Engländer.
Mit der Besiedelung des Westens begann auch in Kanada die Verdrängung der Indianer. Viele starben am billigen Fusel skrupelloser Whiskyhändler oder an ihnen bisher unbekannten Krankheiten wie Pocken oder Tuberkulose. Die riesigen Bisonherden, Grundlage ihrer Unabhängigkeit, wurden in kürzester Zeit sinnlos

Mit Fort Langley am Unterlauf des Fraser River errichtete die Hudson's Bay Company 1827 ihren ersten festen Außenposten an der Pazifikküste. Nur einen Katzensprung von Vancouver entfernt, wurde die alte Pelzhandelsstation originalgetreu rekonstruiert. Das Personal in zeitgenössischer Kleidung vermittelt einen lebendigen Eindruck vom Alltag der Pelzhändler vor 150 Jahren.

abgeschlachtet, und als Ende der 1880er-Jahre Indianer auf der Flucht vor den blutigen Indianerkriegen in den Vereinigten Staaten nach Kanada kamen, fing man an, Reservate einzurichten, um Raum für die Siedler zu schaffen. 1763 hatte eine königliche Proklamation die verschiedenen Gruppen der kanadischen Urbevölkerung als souveräne Nationen anerkannt. Ungeachtet dessen erzwangen die weißen Siedler im 19. Jahrhundert die Anpassung der Indianer an ihre Gesetze und verboten ihnen, an ihrer Sprache und den traditionellen Tänzen und Bräuchen festzuhalten, zudem war ihnen der Erwerb von Land außerhalb der Reservate untersagt.

1876 trat der »Indian Act« in Kraft, der eine Unterscheidung zwischen Status- und Nicht-Status-Indianern einführte. Um freies Fisch- und Jagdrecht sowie das Recht auf finanzielle Unterstützung durch den Staat zu erhalten, mussten sich die Indianer registrieren lassen. Heiratete eine Frau einen weißen Mann, gab sie damit ihren Status und den der gemeinsamen Kinder auf. Die meisten Indianer leben heute in Reservaten, und das nicht allein um ihre kulturelle Identität zu wahren, sondern auch aufgrund der niedrigeren Lebenshaltungskosten. Um das Recht auf Selbstbestimmung mussten die kanadischen Ureinwohner lange kämpfen. Erst seit 1949 dürfen sie an Wahlen auf Provinzebene teilnehmen, seit 1952 auch an Wahlen auf nationaler Ebene. Obwohl sie seit den 1960er-Jahren politisch und rechtlich mit Weißen gleichgestellt sind, sind die Indianer in fast allen Lebensbereichen noch immer benachteiligt. Ihre Gebietsansprüche werden weiterhin häufig abgewiesen, da sie mit den wirtschaftlichen Interessen der Provinzregierungen kollidieren. Der Raubbau an den natürlichen Ressourcen, die die Basis der kanadischen Wirtschaft darstellen, und der großflächige Einsatz von Pestiziden auf den riesigen Weizen-Monokulturen im Westen zerstören den traditionellen Lebensraum der Indianer.

Die Inuit, von denen zwei Drittel in den Northwest Territories, ein Drittel in Québec, Nord-Ontario und Labrador leben, konnten länger als die übrigen Ureinwohner an ihren traditio-

nellen Lebensgewohnheiten festhalten und ihre kulturelle Identität wahren. Sie hatten nur selten Kontakt zu anderen Bevölkerungsgruppen, und die weißen Siedler hatten zunächst kaum Interesse an ihrem Lebensraum, der keine größeren Gewinne versprach. Inzwischen haben die Inuit die halb-nomadische Lebensweise aufgegeben und wohnen in modernen Siedlungen. Jagd und Fischfang verlieren als wirtschaftliche Grundlage zunehmend an Bedeutung. Dazu haben nicht zuletzt die Aktionen gegen den Robbenfang beigetragen, die die Inuit schwer getroffen haben. Auch im äußersten Norden haben Technisierung und Tourismus Einzug gehalten. Der Abbau der Bodenschätze bietet neue Arbeitsplätze und den meisten Inuit geht es inzwischen wirtschaftlich besser als je zuvor. Doch nicht jeder kann sich an das neue Leben gewöhnen und so stellt besonders der Alkoholismus ein Problem dar.

Goldfieber am Klondike

Als 1897 der erste Dampfer aus dem Norden nach dem langen Winter in Seattle anlegte, verbreitete sich die Nachricht von ungeheuren Goldfunden am Klondike wie ein Lauffeuer. Vom Goldfieber angesteckt, strömten bald allerorts Glücksritter ins neugegründete Dawson City, wo für rund 100 000 Menschen die Suche nach dem Gold begann – ein mühsames und gefährliches Unternehmen, denn der Weg zu den Fundstellen führte durch die Stromschnellen des Yukon in eine unwirtliche, verschneite Wildnis. Am Ziel angelangt, musste so mancher feststellen, dass die ergiebigsten Claims bereits abgesteckt waren. Auch der Schriftsteller Jack London machte sich 21-jährig 1897 von Kalifornien aus auf die Goldsuche. Von seinem Schwager, der ihn zunächst begleitete, bald jedoch wieder umkehren musste, hatte er das Geld für die notwendige Ausrüstung. Die kanadische Polizei hatte verfügt, dass jeder Goldsucher eine Tonne Proviant sowie 500 Dollar Bargeld mitführen musste, um das Überleben in der Wildnis für ein Jahr zu sichern. Als London 1898 nach Kalifornien zurückkehrte, hatte er zwar reichlich Stoff, um seine Karriere als Schriftsteller aufzunehmen, bei der Goldsuche war er hingegen erfolglos geblieben. Mit leeren Taschen heuerte er nach einer 3000 Kilometer langen Kanufahrt auf dem Yukon als Heizer auf einem Schiff an, das ihn bis nach Seattle brachte, von wo aus er sich als Tramp weiter durchschlug. In Kurzgeschichten und seinem berühmten Roman »Ruf der Wildnis« verarbeitete London seine Erfahrungen, die er in der Eiswüste Kanadas und Alaskas gesammelt hatte. Seine Erzählungen schildern das Leben der Goldgräber und den Moralkodex der Aben-

Bei Churchill (Manitoba) an der Westküste der Hudson Bay sammeln sich seit Jahrhunderten im Frühjahr und Herbst die Eisbären auf ihrem Weg von und zu den Robbenjagdgründen auf dem Eis des polaren Binnenmeers.

teurergesellschaft. Sie bieten dabei keineswegs ein objektives Bild vom Leben in der Wildnis. Wie viele Schriftsteller im ausgehenden 19. Jahrhundert nahm auch London darwinistische Einflüsse auf, und so handeln seine Geschichten stets vom Überlebenskampf, bei dem der Stärkere den Sieg über den Schwächeren davonträgt.

Eine moderne Nation

Mit dem Ende des Jahrhunderts setzte eine langsam fortschreitende Industrialisierung und Verstädterung des Landes ein. Heute lebt der größte Teil der kanadischen Bevölkerung in den Großstädten unweit der Grenze zu den USA, rund 30 Prozent allein in Toronto, Montreal und Vancouver.

In den Großstädten Kanadas begegnet man immer wieder dem ungewöhnlichen Nebeneinander von europäischer Tradition und dem Vielvölkergemisch moderner nordamerikanischer Metropolen. Toronto war bereits für die Ureinwohner ein wichtiger Handelsplatz. 1720 errichteten französische Pelzhändler hier eine Siedlung. Bis in die 1930er-Jahre prägten die streng puritanischen und vergnügungsfeindlichen Nachkommen der britischen Siedler den Charakter der Stadt. Heute dagegen beleben Menschen unterschiedlicher Religionen und Kulturen, die aus aller Welt als Einwanderer nach Kanada kamen, die Stadt.

Geruhsamer geht es in Québec City zu, der ältesten französischsprachigen Stadt Kanadas und der ersten europäischen Siedlung der Neuen Welt. Im 17. Jahrhundert war hier das politische und wirtschaftliche Zentrum der französischen Kolonie. Vom Einfluss Frankreichs zeugen heute noch die Bürgerhäuser in den engen und verwinkelten Gassen der Altstadt.

1914 trat Kanada an der Seite Großbritanniens in den Ersten Weltkrieg ein, der auch in den Reihen der Kanadier hohe Verluste forderte. Mit dem Ende des Krieges begann Kanada, seine Bindungen zu Großbritannien langsam zu lösen. Heute ist es zwar noch immer Mitglied des Commonwealth, aber schon lange ein autonomer Staat, der aus dem Zweiten Weltkrieg als eine der größten Industrienationen hervorging. Die kanadische Wirtschaft basiert vor allem auf dem Reichtum an Bodenschätzen. Durch große Erdöl- und Erdgaslagerstätten

sowie Vorkommen von Nickel, Silber, Gold, Eisenerz, Uran und Zink wurde Kanada zu einer der führenden Handelsnationen der Welt. Und auch der Fischfang und die Pelzjagd spielen noch immer eine wichtige Rolle in der Ökonomie des Landes.

Dass Kanada trotz seiner geografischen Ausdehnung und seines Reichtums keine Weltmacht geworden ist, mag an der Nähe zu den USA liegen. Sicher spielt aber auch die problematische innenpolitische Situation eine Rolle, die dem gemeinsamen Handeln einer homogenen Nation entgegensteht. Die Kanadier identifizieren sich nicht so sehr mit ihrer Nation, als vielmehr mit der Provinz, in der sie leben. Die landschaftlichen Verhältnisse und die kulturellen Besonderheiten der einzelnen Provinzen sind für das Selbstverständnis der Bevölkerung verantwortlich. Aber gerade das macht es häufig unmöglich, einen Weg aus den Streitigkeiten der einzelnen Provinzen und Bevölkerungsgruppen oder gemeinsame Lösungen für größere politische Probleme zu finden.

Seite 22/23:
Unter dem hohen Himmel von Saskatchewan reift alljährlich die größte Getreideernte von Kanada. Bei der voll mechanisierten Ernte ziehen lange Kolonnen von Mähdreschern ihre verschlungenen Muster in die endlosen Weizenfelder.

Seite 24/25:
Dunkle Nebelschwaden liegen noch über dem Cavell Lake, wenn das Eis des Mount Edith Cavell hell in der Morgensonne erstrahlt. Der 3363 Meter hohe Berg im Jasper National Park (Alberta) wurde nach einer Krankenschwester benannt, die im Zweiten Weltkrieg britischen Kriegsgefangenen zur Flucht verhalf und dafür erschossen wurde.

Ursprünglichkeit und Faszination der Natur – Kanadas Westen

Das Prince of Wales Hotel im Waterton Lakes National Park (Alberta) thront hoch über einer Engstelle zwischen dem Middle und dem Upper Waterton Lake. Schon die Indianer nannten die Hochgebirgswildnis mit mehr als vier Dutzend Gletschern und 200 Seen das »Land der leuchtenden Berge«.

Schon allein der Westen Kanadas hat riesige Dimensionen: Von den goldenen Prärien in der Mitte des Kontinents über die monumentalen Gipfel der Rocky Mountains und die Bergketten der Coast Mountains bis hin zur zerklüfteten Pazifikküste dehnt sich diese Hälfte des Landes. In der Nord-Südausdehnung reicht der Landesteil vom 82. Breitengrad – nur noch 780 Kilometer vom Nordpol entfernt – bis zur Grenze der USA am 49. Breitengrad.

Die wilden Naturlandschaften des Westens haben seit den Tagen der ersten Entdecker kaum an Ursprünglichkeit und Faszination verloren: üppige Regenwälder an der Westküste, seen- und waldreiche Hochplateaus in den Coast Mountains, die National Parks der Rocky Mountains mit ihren grandiosen Hochgebirgsregionen, die bizarre Mondlandschaft des Dinosaur Provincial Park und die Erosionslandschaft der Drumheller Badlands, die als Fundstätten zahlreicher Überreste von Dinosauriern den Ruf paläontologischer Schatzkammern genießen.

Eine rasante Entwicklung hat allerdings Vancouver hinter sich. Seit 1886 der erste Zug der Canadian Pacific Railroad nach 142 Stunden im Bahnhof von Vancouver einlief, ist aus einem winzigen Holzfällercamp eine dynamische Weltmetropole geworden, meerumschlungen und umragt von hohen Bergen.

Wahrzeichen der fruchtbaren Ebenen im Süden Saskatchewans und Manitobas sind riesige Getreidesilos. Die Geburtsstunde des Yukon Territory schlug, als nach Goldfunden am Klondike Zehntausende von Glücksrittern in den hohen Norden aufbrachen, um an den Nebenflüssen des Yukon den schnellen Reichtum zu finden. Die schneebedeckte Gebirgswelt der St. Elias Mountains erschließt der berühmte Alaska Highway.

Links oben und Mitte:
So friedlich wie hier in den frühen Morgenstunden am Chesterman Beach bei Tofino (oben) zeigt sich die Pazifikküste von Vancouver Island nicht immer. Die Klippen im Pacific Rim National Park, auf denen sich Kolonien von Seelöwen tummeln (Mitte), waren noch bis ins 20. Jahrhundert der Schrecken der Seeleute. Allein zwischen 1880 und 1890 zerschellten hier über 200 Schiffe.

Links unten:
Im Sommer leben mehrere »pods«, Gruppen von Killerwalen, in den Meeresarmen um Telegraph Cove im Norden von Vancouver Island. Die Johnstone Strait ist ihr Lieblingsplatz – durch die enge Wasserstraße müssen Millionen von Lachsen auf dem Weg zu den Laichgründen ziehen.

Unten:
Durch gewaltige Winterstürme angespült, türmt sich das Treibholz meterhoch auf den Stränden der Pazifikküste von Vancouver Island.

Oben:
Idyllisch zwischen Wasser und Land liegt dieses Haus an einer Bucht bei Tofino. Von der Mole von Tofino fahren Naturfreunde aus aller Welt hinaus, um die Grauwale ganz aus der Nähe zu beobachten, die hier dicht an der Küste des Pacific Rim National Park vorüberziehen.

Rechts:
Die Lachsgründe im Barkley Sound bei Ucluelet versprechen fette Beute, die dieser Fischer schon stolz präsentiert.

Links:
Im Hafen von Ucluelet warten Dutzende von Lachsfangkuttern auf Angelfreunde aus aller Welt, um sie aufs Meer zu bringen.

Unten:
In den wunderschönen, versteckten Buchten an der Westküste von Vancouver Island geht man auf die ergiebige Jagd nach Chinook- und Coho-Lachsen.

Seite 32/33:
Wenn es Nacht wird an der Westcoast: Vancouver ist jung und dynamisch – und gesegnet mit einer herrlichen Lage am Meer. Von der Granville Street Bridge aus spiegeln sich die Lichter der Büro- und Apartmenttürme der Innenstadt im kleinen Meeresarm False Creek.

Unten:
Am Canada Place im Harbour Centre legen luxuriöse Kreuzfahrtschiffe an. Das Harbour Centre ist Wahrzeichen von Vancouver und wurde zur Weltausstellung 1986 gebaut.

Rechts oben:
Zwischen den spiegelnden Hochhaustürmen und modernen Bürokomplexen in der Innenstadt von Vancouver sind architek-

tonische Reminiszenzen an die Zeit der Jahrhundertwende nur noch selten. Erst 1972 wurden die Reste der Altstadt unter Denkmalschutz gestellt.

Rechts Mitte:
Der Duft exotischer Genüsse betört die Sinne in Chinatown von Vancouver. Chinesische Schriftzeichen und Drachenmotive zieren die Geschäfte und Warenauslagen im zweitgrößten Chinesenviertel von Nordamerika.

Rechts unten:
Der dampfbetriebene Chronometer in Gastown wurde schon 1877 aufgestellt und ist heute an das städtische Fernwärmenetz angeschlossen.

Sierra
BIENESTAR

Seite 36/37:
Auf 405 Hektar tummeln sich im Stanley Park von Vancouver Jogger, Radfahrer und Spaziergänger. Vom Uferdamm aus hat man einen herrlichen Blick auf den Coal Harbour und die Wolkenkratzer von Downtown Vancouver.

Eine ganze Reihe von Museen in British Columbia thematisiert die reiche Geschichte der Indianer der Nordwestküste. Die mit Abstand größte Ausstellung findet man im Royal British Columbia Museum der Provinzhauptstadt Victoria. Zum Klang traditioneller Gesänge sind Exponate zur Kunst und Kultur der Kwakiutl in einem traditionellen Big House ausgestellt.

Geschnitzte Pfosten aus Langhäusern und Totempfähle der Nordwestküstenindianer stimmen auf dem Gelände der Universität von Vancouver auf die Exponate des renommierten Museum of Anthropology ein.

Als Museumsdorf wurde Fort Langley bei Vancouver wiederaufgebaut, um das Leben in einem Stützpunkt der Hudson's Bay Company im 19. Jahrhundert möglichst naturgetreu vermitteln zu können. 1868 wurde der Handelsposten wieder geschlossen, den der Gouverneur der Gesellschaft, Sir George Simpson, gegründet hatte, um der Konkurrenz amerikanischer Pelzjäger einen Riegel vorzuschieben.

Das einzige original erhaltene Gebäude im Museumsdorf Fort Langley ist die frühere Werkstatt des Fassmachers.

Seite 40/41:
Wie in alten Zeiten kann man den Wilden Westen – hier in den Bergen um das Okanagan-Tal – auch heute noch zu Pferd erkunden. Dabei sollte man aber auch für ein harmloses Trail-Riding die richtige Kleidung mitbringen.

Unten:
In dem als »Obstgarten« Kanadas bekannten Okanagan Valley findet man auch Weinanbau, wie hier bei Penticton.

Rechts:
Der Winzer Karl Lang testet bei Kelowna im Okanagan Valley seinen eigenen Tropfen.

Rechts oben:
Das langgestreckte Okanagan Valley im Süden von British Columbia ist der »Obstgarten« Kanadas. Im milden sonnigen Klima gedeihen auf den Talhängen Kirschen, Pfirsiche und anderes Obst.

Rechts Mitte:
Die Ernte, hier von Äpfeln, ist die anstrengendste Jahreszeit im fast mediterran geprägten Okanagan Valley.

Rechts unten:
Kürbisse im Überfluss, südlich von Vancouver – wo der Mensch allerdings nicht mit künstlicher Bewässerung nachhilft, gibt es oft nur Kakteen und Klapperschlangen.

Rechts:
Bei Hells Gate zwängen sich in der Zeit der Schneeschmelze bis zu 9000 Kubikmeter Wasser pro Sekunde durch den Höllenrachen des Fraser Canyon. Eine Seilbahn stellt die Verbindung zwischen den beiden Flussufern her.

Seite 44/45:
Beim Bau der Trasse der Canadian Pacific Railway am Thompson River in British Columbia im Jahre 1885 hingen die Arbeiter zum Teil in Seilen an den Wänden der steilen Schlucht. Der Schienenweg ist bis heute eine der wichtigsten Verbindungen zur Pazifikküste, auf der täglich endlose Güterzüge nach Westen rollen.

Unten:
Eine Fahrt durch die Stromschnellen und Strudel des Thompson River (British Columbia), dem wichtigsten Nebenfluss des Fraser River, schlaucht sogar hart gesottene Anhänger des River-Rafting. Kaum zu glauben, dass hier bis zur Fertigstellung der Canadian Pacific Railway Flussdampfer gegen die Strömung kämpften.

Rechts:
Eine Autofähre führt bei Lytton über den Fraser River, wo er sich nach der Vereinigung mit dem Thompson River für eine kurze Weile etwas friedlicher gebärdet.

hell's gate

Links:
Reißende Bäche, Wasserfälle und malerische Seen machen die exquisite Schönheit des Yoho National Park (British Columbia) an der Westflanke der Rocky Mountains aus. Am tiefblauen Emerald Lake grüßen von fern die über 3000 Meter hohen Gipfel der President Range.

Unten:
Eine Stichstraße folgt den schäumenden Wassern des Yoho River talaufwärts bis zu den imposanten Takakkaw Falls.

Oben:
Im Yoho National Park stürzen die stiebenden Schmelzwasser des Daly Gletschers in mehreren Stufen ins Tal.

Seite 50/51:
Waterfowl Lake im Nordteil des Banff National Park: Der typisch geformte Gipfel über dem See wurde zuerst Pyramid Mountain genannt. Da es jedoch einen Gipfel dieses Namens bereits im Jasper National Park gab, erhielt der 3307 Meter hohe Berg den Namen Mount Chephren.

Oben:
Kurz nach Sonnenaufgang kräuselt noch kein Lüftchen den blauen Spiegel des Bow Lake im Banff National Park. Von einem Morgenbad ist jedoch abzuraten. Das Wasser ist eisig kalt, denn es wird von einem der acht Gletscher des Waputik Icefield gespeist.

Rechts:
Auch umgestürzte und abgeknickte Bäume erfüllen in den Nationalparks eine wichtige ökologische Funktion. Wanderer sollten deshalb nur das eigens zu diesem Zweck an den Rastplätzen aufgeschichtete Brennholz verwenden.

Links:
Zehn über dreitausend Meter hohe Gipfel überragen den Moraine Lake in einem malerischen Hochtal im Banff National Park. Ein Bootsverleih ermöglicht traumhafte Kanutouren über die weite, smaragd- und blaugrüne Wasserfläche.

Unten:
Die frühmorgendliche Ruhe um das Bootshaus am Lake Louise in Banff National Park täuscht. In wenigen Stunden herrscht hier wie alle Tage Hochbetrieb.

ASSINIBOINE

Seite 54/55:
Einsamer Außenposten der Zivilisation: Die Mount Assiniboine Lodge im gleichnamigen Provinzpark ist eine klassische kanadische »Backcountry Lodge«, die von grandioser Bergwelt umrahmt wird. Fast 30 Kilometer liegen die rustikalen Blockhütten von der nächsten Straße entfernt in einem Hochtal der südlichen Rocky Mountains.

Unten:
Wie ein verwunschenes Schloss erhebt sich das Banff Springs Hotel hoch über dem Bow River. Der Effekt ist beabsichtigt, denn die Canadian Pacific Railroad baute 1888 das damals größte und luxuriöseste Grand Hotel, um die Reichen und Berühmten zu den heißen Quellen im Banff National Park zu locken.

Rechts oben:
Passend zum Chateau-Baustil kanadischer Eisenbahnhotels verfügt das Banff Springs Hotel natürlich auch über einen mehr oder weniger stilechten »Rittersaal«.

Rechts Mitte und unten:
Zum sonntäglichen Brunch ziehen die Köche des Banff Springs Hotel alle kulinarischen Register, die Kanada zu bieten hat.

Unten:
Im klirrend kalten Winter der Rocky Mountains entfaltet der Banff National Park seine eigene Schönheit. Die großen Besuchermassen haben sich verlaufen und selbst am Bow Lake am Rande des Icefields Parkway kann man jetzt allein sein mit dem leisen Plätschern der Wellen vor der Pracht der majestätisch verschneiten Gipfel.

Rechts:
Im Winter versöhnt ein saftig gegrillter Lachs mit den Unbilden der Witterung.

Links:
Ein separater Rundofen, eine rustikale Sitzgruppe für jeden und viel Abstand zum nächsten Nachbarn gehören zu den besonderen Annehmlichkeiten auf kanadischen Nationalpark-Campingplätzen, die auch im Winter geöffnet haben.

Unten:
Die Zinnen und Klippen des Castle Mountain begleiten den Besucher des Banff National Park auf dem beschaulichen Bow Valley Parkway.

Oben:
Wapiti-Hirsche ziehen zur Tränke am Ufer der Vermilion Lakes. In der Seenlandschaft, nur ein paar Kilometer vom Trubel der Stadt Banff entfernt, taucht man auf herrlichen Wanderwegen in die Stille unberührter Natur ein.

Traumroute durch die Rocky Mountains – der Icefields Parkway Drive

Für viele ist das Hochgebirgsparadies im Herzen der Rocky Mountains, im südöstlichen Grenzgebiet zwischen den Provinzen Alberta und British Columbia, die landschaftlich schönste, zumindest aber die spektakulärste Region Kanadas. Mächtige Bergriesen spiegeln sich in den leuchtend türkisfarbenen Seen, gewaltige Gletscherzungen, wilde Schluchten und rauschende Wasserfälle setzen in dieser Bilderbuchlandschaft atemberaubende Akzente.
Das Herzstück der noch vor 150 Jahren fast unerforschten Bergwelt an der kontinentalen Wasserscheide Kanadas bilden die Nationalparks von Jasper und Banff. Ein Netz von gut ausgebauten Highways erschließt das Hochgebirgsparadies. Auf dem Yellowhead Highway von Albertas Hauptstadt Edmonton sind es nur fünf Fahrstunden bis Jasper. Banff, das Zentrum im Süden, profitiert nicht weniger vom Trans Canada Highway. Eine Fahrstunde weiter nördlich, dort wo der Trans Canada Highway nach Westen abbiegt, spiegelt sich der Victoria-Gletscher im vermutlich meistfotografierten See der Welt, dem tiefblauen Lake Louise.
Dort zweigt der 230 Kilometer lange Icefields Parkway Drive nach Norden ab. Die wohl schönste Panoramastraße in ganz Kanada durchquert die Bilderbuchlandschaft der berühmten Nationalparks von Süd nach Nord und vereinigt sich bei Jasper mit dem Yellowhead Highway, der gen Westen bis nach Prince Rupert am Pazifik führt. Diese Traumstraße durch die Rocky Mountains wurde in der Dreißigerjahren während der Weltwirtschaftskrise als Arbeitsbeschaffungsmaßnahme begonnen und 1940 fertiggestellt. Großzügig ausgebaut, mit mäßigen Steigungen und breiten Seitenstreifen folgt der Icefields Parkway von Lake Louise aus zunächst dem Oberlauf des Bow River und passiert dabei zuerst den waldgesäumten Hektor Lake, dann den prachtvollen Bow Lake zu Füßen der acht Gletscher des Waputik Icefield. Vom 2068 Meter hohen Bow Summit, dem höchsten Punkt der Strecke, führt ein kurzer Weg zu einem Aussichtspunkt hoch über den Schmelzwassern des blaugrün schimmernden Peyto Lake.
Von der Wasserscheide steigt die Straße hinab in das Tal des Mistaya River mit seinem großartigen Canyon und bei River Crossing erreicht man das Tal des North Saskatchewan River. Schließlich wird das Tal enger und mehrere Aussichtspunkte erlauben großartige Blicke auf eine Perlenkette von Wasserfällen, die von den Klippen an der Ostseite stürzen. Bei Parker Ridge erblickt man zum ersten Mal die glitzernde, fast 10 Kilometer lange Eiszunge des Saskatchewan Glacier vor dem Panorama schneebedeckter Dreitausender. Eine kurze Seitenstraße führt ins Herz des Columbia Icefield, das ein Gebiet von 325 Quadratkilometern bedeckt und bis zu 300 Meter dick ist. Im Parks Canada Icefield Center erhalten die Besucher gründliche Informationen oder können sich geführten Wanderungen durch die Gletscherwelt anschließen. Sogenannte Snow Coaches, höher gelegte Spezialbusse, bringen alljährlich Zehntausende von Besuchern über die steilen Seitenmoränen auf den Athabasca Glacier.
Der nahe, 2035 Meter hohe Sunwapta Pass bildet die Grenze zum Jasper National Park. Die Stromschnellen und tosenden Wasserfälle des Sunwapta River begleiten den Autofahrer talabwärts zum Aussichtspunkt Goat Lookout, von wo der Blick über das wilde und weite Tal des Athabasca River schweift. Nur eine kurze Strecke weiter stürzen die Athabasca Falls in einer schmalen Schlucht 23 Meter tosend und gischtsprühend in die Tiefe. Eine Nebenstraße zweigt bei den Wasserfällen ins Skigebiet des Marmot Basin ab, wo sich über dem Cavell Lake die Eiswand des 3363 Meter hohen Mount Edith Cavell erhebt.
Auf dem Icefields Parkway erreicht man nach wenigen Kilometern die Stadt Jasper vor der mächtigen Silhouette der Pyramid Mountains. Die beliebtesten Ausflüge gelten den alpinen Wiesen der Cavell Meadows mit Blick auf den strahlenden Angel Glacier sowie dem Maligne Valley. Am Ende der Stichstraße – vorbei am bis zu 50 Meter tiefen Maligne Canyon und dem tiefblauen Medicine Lake – erwartet den Besucher der überwältigend schöne Maligne Lake, ein Traumbild, rings umragt von hohen, schneebedeckten Gipfeln.

Links:
Überragt von hohen Bergen und im reizvollen Tal des Bow River gelegen, ist Banff Townsite mit rund 6500 ständigen Einwohnern und Unterkünften aller Art das Zentrum des Nationalparks.

Oben:
Eine Fahrt auf dem Icefields Parkway, der berühmten Gletscherstraße der Rockies, sollte sich niemand entgehen lassen, denn hinter jeder Kurve eröffnen

sich neue Ausblicke auf Wälder, Schneegipfel und Gletscherzungen – hier südlich des Saskatchewan River Crossing im Banff National Park.

Bilder rechts, von oben nach unten: Wasserspiele in den Felswänden des Waterton Lakes National Park – der Cameron Wasserfall.

Der Lake Minnewanka ist nicht nur der größte See im Banff National Park, sondern auch der einzige, auf dem Motorboote erlaubt sind.

Im Stil eines europäischen Opernhauses, mit hellen Balustraden, Arkadengängen und einem mächtigen Kronleuchter in der Eingangshalle empfängt das Château Lake Louise seine Gäste.

Auf Steppenland weiden zwei Präriebisons in den Bison Paddocks im Waterton Lakes National Park.

Links:
Nicht alle Regionen des Banff National Park tragen hochalpinen Charakter. Im breiten Tal des North Saskatchewan River mit seinem weniger rauen Klima prägen Wälder die Landschaft.

Unten:
Der hochgelegene Peyto Lake im Banff National Park hat zwei Gesichter. Vor der Schneeschmelze ist sein Wasser noch tief dunkelblau, danach leuchtet er bis in den Spätsommer türkisgrün.

Seite 62/63:
Ziel eines Bootsausflugs über den fast 1700 Meter hoch gelegenen Maligne Lake ist meist die »Postkarteninsel« Spirit Island vor der malerischen Kulisse der schnee- und eisbedeckten Gipfel im Jasper National Park.

Links:
Wapiti-Hirsche bekommt man in den einsamen Bergwäldern der Rocky Mountains noch recht häufig zu Gesicht. Diese nordamerikanische Rothirschart erreicht eine Schulterhöhe von bis zu 1,40 Metern.

SCHOOL BUS

Seite 66/67:
Der Trans-Canada Highway: Im Banff National Park klettert er über den Grat der Rocky Mountains. Der »TCH« ist neben dem Yellowhead Highway weiter nördlich bei Jasper und dem Crowsnest Highway im Süden die wichtigste von nur drei Fernstraßen, die über den kanadischen Teil des Bergzuges führen. Und dies erst seit 1962, denn erst vor 50 Jahren wurde der TCH hier fertiggestellt.

Unten:
Der Kananaskis Provincial Park hat auch in der warmen Jahreszeit einiges zu bieten. Bekannt wurde das alpine Erholungs- und Freizeitgebiet, weil hier 1988 die Skiwettbewerbe der Olympischen Winterspiele ausgetragen wurden.

Seite 70/71:
Im äußersten Süden Albertas bewahrt der Writing-on-Stone Provincial Park ein Stück ursprüngliche Natur: typisches Buschland im geschützten Tal des Milk River. Für die früher nomadischen Blackfoot-Indianer hat dieses Tal als uralter Rastplatz ihres Stammes eine besondere spirituelle Bedeutung. Archäologische Funde und zahlreiche Felszeichnungen belegen, dass hier schon vor 9000 Jahren prähistorische Indianer lebten.

Rechts oben:
Seit 1952 gibt es am Rand des Highway 5 im Waterton Lakes National Park wieder eine kleine Bisonherde, die auf einer riesigen Weide gehalten wird.

Rechts Mitte:
Blau ist die vorherrschende Farbe sowohl des Wassers als auch der Berge am Kananaskis Lake südöstlich von Banff.

Rechts unten:
Die Canadian Pacific Railroad leistete entscheidende Geburtshilfe bei der Entstehung des Banff National Park. Heute rollen über die historische Trasse am Bow River nur noch Güterzüge.

Agricore

UGG
HUSSAR

Seite 72/73:
Die hohen Getreidespeicher sind zu Wahrzeichen der Prärieprovinzen geworden. Wo früher die Büffel grasten, wogt heute in Alberta, Saskatchewan und Manitoba der Weizen bis zum Horizont.

Unten:
Die »Bar U Ranch« rund 100 Kilometer südlich von Calgary ist heute ein Freilichtmuseum. Von 1882 bis 1950 bewirtschaftete hier eine Kooperative gemeinsam eine riesige Rinderfarm.

Rechts oben:
Die Weizenfelder im Süden Albertas erstrecken sich bis an den Saum der Rocky Mountains. Wenn die Mähdrescher ihre Arbeit getan haben, beginnen riesige Pflüge und Eggen den Boden umzubrechen.

Rechts Mitte:
Auch »echte Cowboys« und Pferde gehören zu dem Freilichtmuseum der »Bar U Ranch«.

Rechts unten:
Nur erstklassige Braugerste aus heimischer Produktion wird im Brewster Brew Pub in Calgary zur Herstellung des süffigen Biers verwendet.

Links:
Im Dinosaur Provincial Park hat sich der Red Deer River über hundert Meter tief ins Tafelland Albertas gegraben. Die bizarre Mondlandschaft ist eine der bedeutendsten Fundstellen von prähistorischen Saurierskeletten.

Unten:
Dem ruhig dahinfließenden Red Deer River bei Drumheller sieht man seine Urgewalt nicht an, mit der er sich einst in die Felsen gegraben hat.

Oben:
»Hoodoos« werden die pilzförmigen Felssäulen genannt, die Wind und Regen im Ödland der Drumheller Badlands freigelegt haben.

Unten:
Gewaltig sind schon allein die Fußknochen des Dinosauriers im Tyrell Museum of Palaeontology bei Drumheller, wo die Überreste der Urzeittiere zusammengefügt werden.

Seite 80/81:
Boomtown der Prärien: Öl und Rinder haben Calgary reich gemacht. Binnen eines Jahrhunderts hat sich die Metropole vom »Kuhdorf« zum »Manhattan der Prärie« entwickelt. Heute hat die Stadt gut eine Million Einwohner und wuchert mit immer neuen Vororten ins Umland. Die Event-Halle Saddledome wird dem Cowboy-Image der Stadt gerecht: Das geschwungene Dach erinnert an einen Sattel.

Rechts oben:
Nicht nur mit Skeletten der Urriesen, sondern auch mit Nachbildungen wird die Vergangenheit dem Besucher des Tyrell Museum of Palaeontology nähergebracht.

Rechts Mitte:
Seit der Geologe J. B. Tyrell 1884 in den Badlands zufällig auf Saurierknochen stieß, ist die Erosionslandschaft am Red Deer River eine Schatzgrube für Wissenschaftler aus aller Welt geblieben.

Rechts unten:
Im Tyrell Museum of Palaeontology bei Drumheller machen 800 Fossilien, darunter 35 vollständige Saurierskelette, Jahrmillionen der Erdgeschichte anschaulich.

Nach Goldfunden in den Cariboo Mountains von British Columbia schoss 1860 binnen Monaten im Tal des Williams Creek Barkerville aus dem Boden, heute eine Museumsstadt, in der man die historische Bar besuchen (oben) oder mit der Postkutsche fahren kann (rechts).

Die ehemalige Goldgräberstadt Barkerville ist heute ein liebevoll rekonstruiertes und vielbesuchtes Freilichtmuseum. Zahlreiche Darsteller sorgen für die richtige Atmosphäre (links). Der Schmied hämmert auf der Esse, dass die Funken sprühen (unten), und wenn es draußen knallt, dann findet wieder einmal ein Banküberfall statt.

Linke Seite:
Begegnungen mit dem unberechenbaren Grizzly sollte man mit kluger Voraussicht aus dem Weg gehen. Falls es doch dazu kommt, ist respektvoller Abstand geboten.

Bei Fort Nelson klettert der Alaska Highway über die nördlichen Ausläufer der Rocky Mountains. Nur alle 30 oder 40 Kilometer sorgen eine kleine Lodge, ein kleiner Waldsee oder ein kreuzender Elch für Abwechslung.

Die Holzindustrie ist der wichtigste Wirtschaftszweig von British Columbia. In vielen Buchten an der Pazifikküste warten schwimmende Holzlager auf den Abtransport durch kleine Schlepper.

Rechts:
Die »S. S. Klondike« war bis zu ihrer Stilllegung im Jahr 1955 der letzte Raddampfer auf dem Yukon. Heute liegt sie als schwimmendes Museum gut vertäut am Flussufer in Whitehorse.

Unten:
Aus Heimweh nagelte ein GI beim Bau des Alaska Highways den Namen seines Heimatorts an einen Baum in Watson Lake und fand ungezählte Nachahmer. Mit den Jahren entstand daraus der verrückteste und größte Schilderwald der Erde.

Oben:
Der legendäre »Milepost Zero«, ein drei Meter hohes, fahnengeschmücktes Hinweisschild mitten auf der Kreuzung zwischen 102nd Avenue und 10th Street in Dawson Creek, markiert den Startpunkt des Alaska Highway.

Links:
Von Skagway in Alaska über den White Pass verkehrt noch heute ein historischer Zug der White Pass & Yukon Railway. Seine Fahrgäste können die fantastische Bergwelt der Coast Mountains auf bequemere Art genießen als einst die schwer bepackten Goldgräber.

Seite 88/89:
Im hohen Norden von British Columbia, an der Grenze zu Alaska, ergießt der gewaltige Llewellyn Glacier sein milchiges Eiswasser in den blauen Atlin Lake.

Unten:
Die mächtige Eiszunge des Mendenhall Glacier strömt aus dem riesigen Juneau Icefield vor den Toren der Hauptstadt Alaskas.

Links:
Auf Hubschraubertrips kann man die gewaltigen Dimensionen des Mendenhall Glacier aus der Vogelperspektive erleben.

Rechts oben:
Riesige, von der Sonne angestrahlte Eisspitzen ragen wie Eisberge aus dem Mendenhall Glacier hervor.

Rechts Mitte:
Eine Abzweigung des Cassiar Highway führt durch die Boundary Range der Coast Mountains nach Stewart (British Columbia). Direkt an der Straße kalbt der gleißende Bear Glacier in den Meziadin Lake.

Rechts unten:
Dichte Wälder säumen den langgezogenen Atlin Lake (British Columbia) inmitten der unberührten Bergwildnis der Coast Mountains an der Grenze zum Yukon Territory.

Unten:
Auf einem schlammigen Stück Ufer am Zusammenfluss von Klondike und Yukon River schoss 1897 auf dem Höhepunkt des Goldrauschs die größte kanadische Stadt westlich von Winnipeg aus dem Boden. Heute haben die rund 1500 Einwohner von Dawson City im Fremdenverkehr eine neue Goldgrube entdeckt.

Kleine Bilder rechts: *In »Diamond Tooth Gertie's Gambling Hall« geht es rund, seit das Etablissement in Dawson City auf dem Höhepunkt des Goldrauschs gebaut wurde. Die Conférencière (oben) führt durch das klassische Vaudeville-Programm aus Cancan, Kabarett und Chansons (Mitte). In der einzigen legalen Spielhölle Kanadas kann man auch sein Geld beim Black Jack, Poker oder Roulette verjubeln, wie einst die Claim-Millionäre vom Bonanza Creek (unten).*

Die wilden Tage der Goldgräber – Barkerville und Dawson City

Um die Erschließung des kanadischen Westens ranken sich viele Geschichten und Mythen, die Einheimische und Besucher bis heute in ihren Bann schlagen. Ein besonderes Kapitel schrieben die Abenteurer und Glücksritter, die den Entdeckern und Pelzhändlern meist auf dem Fuß folgten. Auf der Suche nach sagenhaften Reichtümern durchwühlten sie die oft noch namenlosen Flüsse und Bäche und das Gold, das irgendwo auf einen Glückspilz wartete, trieb sie rastlos bis in die verstecktesten Winkel der weglosen Wildnis. Wo sie fündig wurden, stand die Welt alsbald Kopf: Nobodys erwarben über Nacht sagenhafte Reichtümer und verjubelten sie oft ebenso schnell wieder. Städte schossen mitten in der Wildnis aus dem Boden und verfielen nach wenigen Jahren wieder zu Geisterstädten.

Zum ersten Mal ergriff das Goldfieber die Massen, als eine Gruppe von Schürfern im Spätherbst 1860 in den Cariboo Mountains im heutigen British Columbia fündig wurde. In mehreren Metern Tiefe war ein gewisser Dutch Bill im Canyon des Williams Creek auf eine Goldader gestoßen. Binnen Kurzem waren der Talgrund und die Hänge übersät mit Hunderten von Männern, die das Unterste zu oberst kehrten. Ein desertierter Seemann aus Cornwall namens William Barker kam erst 1862 an – eigentlich viel zu spät, denn der ganze Talgrund war schon abgesteckt. Notgedrungen versuchte er sein Glück unterhalb, buddelte sich 16 Meter tief durch Kies und Geröll und erlebte das Unwahrscheinlichste: Gold für 600 000 Dollar pro Quadratfuß. Die Stadt Barkerville, die jetzt aus dem Boden schoss, erhielt den Namen des Glückspilzes. Seine Millionen zerrannen ihm jedoch unter den Fingern und als er starb, besaß er keinen Penny mehr. Er wurde in einem Armengrab in Victoria begraben.

Nur wenige Jahre später sorgte ein Goldfund im hohen Norden für neue Furore und löste den größten Goldrausch aller Zeiten aus. Am 17. Juli 1897 überraschte der »Seattle Post Intelligencer« seine Leser mit der sensationellen Meldung, dass das Dampfschiff Portland auf dem Weg von St. Michael nach Seattle gut eine Tonne Gold im Wert von 700 000 Dollar an Bord habe. Binnen Stunden redete die ganze Stadt von den sagenhaften Schätzen am Rabbit Creek, einem Seitenbach des Klondike. Noch ehe der Tag zu Ende ging, standen Tausende vor den Schaltern der Schifffahrtsgesellschaft, um Tickets für die Rückfahrt der Portland zu ergattern. Als der Winter zu Ende ging, setzte sich von Skagway in Alaska eine riesige Karawane aus nach Dawson City in Bewegung. Am Chilkoot Pass spielten sich unglaubliche Szenen ab. Dicht an dicht kämpften sich tausende menschliche Leiber, wie Maulesel bepackt, in Wind, Eis und Schnee Schritt um Schritt hinauf bis zur Passhöhe. Fast Hunderttausend machten sich auf den Weg, viele kehrten wieder um, erschöpft, ernüchtert und entkräftet. Diejenigen, die es schafften, fanden die Talsohle des Rabbit Creek, den man inzwischen in Bonanza Creek umbenannt hatte, längst abgesteckt und versuchten ihr Glück an den benachbarten Seitenbächen. Es war ein reines Glücksspiel mit wenigen Volltreffern und vielen Nieten.

Mit 35 000 Einwohnern auf dem Höhepunkt des Goldrauschs wurde Dawson City zur verrücktesten und phantastischsten Stadt der Erde, eine Mischung aus Räuberlager, Las Vegas und Follies Bergères nur 50 Kilometer südlich des Polarkreises. Es gab Tanzsäle, türkische Bäder und sogar ein Opernhaus, Telefon und elektrisches Licht. Arme Teufel wurden über Nacht zu Millionären. Jeden Tag wechselten Claims ihre Besitzer, am Spieltisch wurden Tausende gewonnen und verloren. Bis zur Jahrhundertwende kratzten die Glücksritter Gold im Wert von rund 100 Millionen Dollar aus dem steinigen Boden. Dann begann der Reichtum zu versiegen, die Arbeit mit Schaufel und Pickel warf nicht mehr genug ab und Claim um Claim ging in den Besitz großer Firmen über, die den nur oberflächlich durchwühlten Boden jetzt in großem Stil mit riesigen Schaufelradbaggern ausbeuteten und riesige Schutthalden hinterließen.

Links: *Über den Chilkoot Pass zog sich eine endlos erscheinende Menschenkette von Goldsuchern, die zum Yukon unterwegs waren.*

Links unten: *Zum Teil mit Segelschlitten wurden im Winter die zugefrorenen Seen von den Goldsuchern überwunden, hier der Lake Bennett.*

Oben:
Wie kein anderer hat der amerikanische Schriftsteller Jack London den Mythos des Goldrauschs am Klondike geprägt. Sein Blockhaus wurde in Dawson City originalgetreu wiederaufgebaut.

Bilder rechts, von oben nach unten:
In solchen primitiven Zelten hausten die Glücksritter monatelang am Klondike.

Nach der Jahrhundertwende begannen große Firmen die durchwühlten Claims aufzukaufen und beuteten sie in großem Stil aus. Ihre Schaufelradbagger hinterließen riesige Abraumhalden.

Der spannendste Augenblick im Goldgräberleben kommt, wenn die letzten Sandkörnchen aus der Waschpfanne gespült sind. Blinkt es am Grund, dann hat sich die Schufterei gelohnt.

Nuggets wie diesen Goldbrocken von 6,5 Unzen Gewicht wird man heute kaum mehr finden. Rund 10 000 Dollar ist das gute Stück wert.

Oben:
Wenn auf dem Alaska Highway am Horizont die schneebedeckten Gipfel der 2500 Meter hohen Kluane Range auftauchen, beginnt der letzte Abschnitt der Reise in den 49. Bundesstaat der USA.

Rechts:
Am North Fork Pass klettert der Dempster Highway über die Wasserscheide zwischen Pazifik und Nordpolarmeer und taucht dann in die fast baumlose Tundra des hohen Nordens ein.

Links:
Grandiose Panoramablicke entschädigen für die lange Fahrt zur Nordküste des Kontinents. Das breite Schotterband des Dempster Highway führt über endlose Tundra und kahle, abgerundete Hügel aus verwittertem Sandstein 750 Kilometer weit nach Inuvik in den Barren Grounds weit jenseits des Polarkreises.

Unten:
Die Weite des Himmels lockt in die Wildnis des Nordens. Bis zur Fertigstellung des Dempster Highway im Jahr 1979 war das gesamte nördliche Yukon Territory eine völlig unerschlossene und nahezu unerreichbare Region.

Unten:
Gut 180 Kilometer breit ist das gewaltige Delta des Mackenzie River an der Mündung des Stroms in die Beaufortsee – ein undurchdringliches Labyrinth von Sümpfen und Seen, durch die der träge dahinströmende Fluss seine weiten Schleifen zieht.

Rechts oben:
Besonders eindrucksvoll erschließt sich der gewundene Lauf des Mackenzie River aus der Luft, dem üblichen Transportweg im hohen Norden Kanadas.

Rechts Mitte:
Mit dem Wasserflugzeug erreicht man von Inuvik aus die alte Inuit-Siedlung Aklavik mitten im Delta des Mackenzie River oder Herschel Island mit einer verlassenen Walfangstation aus dem 19. Jahrhundert.

Rechts unten:
Inuvik wurde Ende der 1950er-Jahre als Verwaltungs- und Versorgungszentrum für die Öl- und Gasförderung am Rand des Mackenzie-Deltas aus dem Boden gestampft. Die Mehrheit der rund 4000 Einwohner besteht aus Inuit.

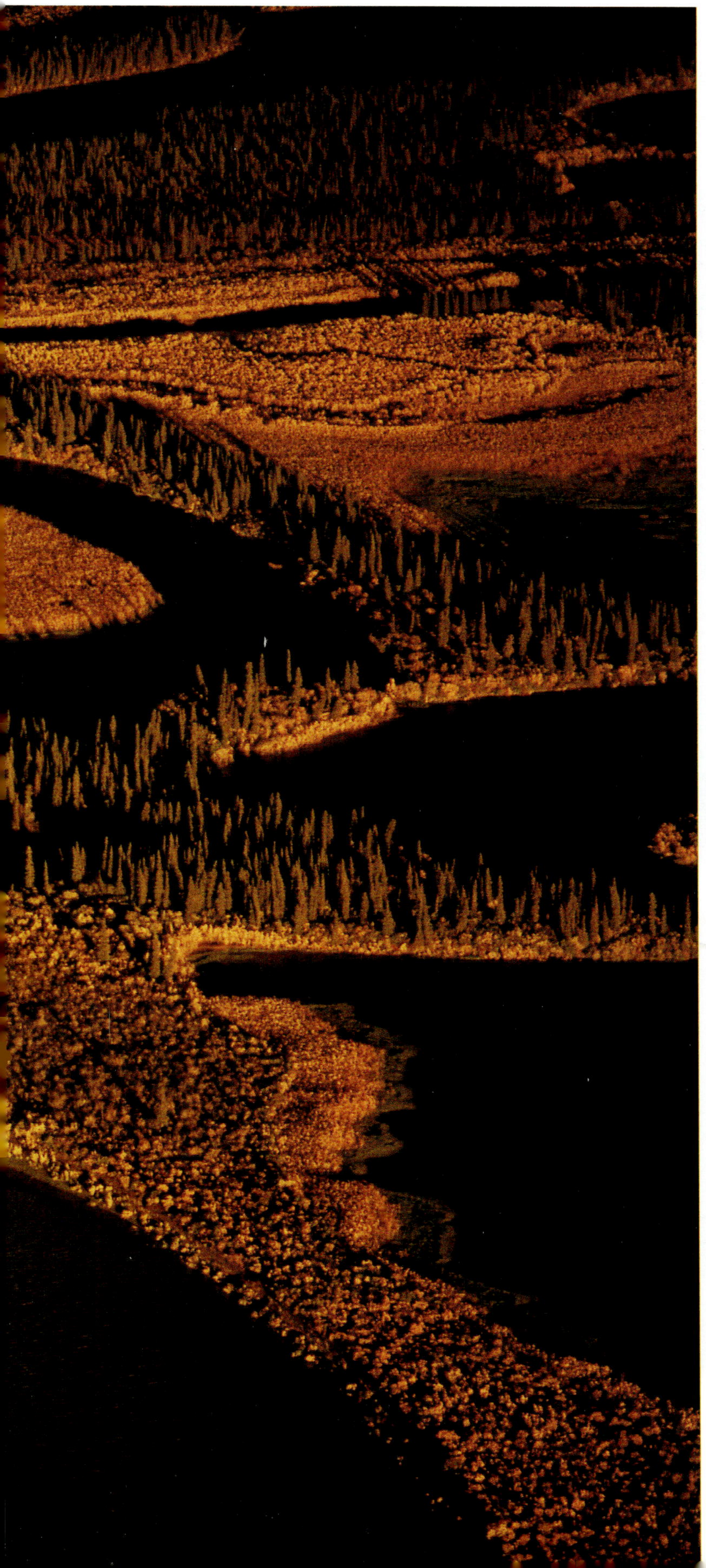

Land zahlloser Seen und unermesslicher Wälder – Kanadas Osten

Die karge und beinahe kahle Insel Fogo Island vor der Ostküste von Newfoundland bietet ihren Bewohnern kaum eine andere Lebensgrundlage als die Fischerei. Die Nachfahren englischer Ansiedler im 18. Jahrhundert sprechen zum Teil noch heute ihren alten elisabethanischen Dialekt.

Grandiose Wildnis und moderne Metropolen, wellenumtoste Fischerdörfer und liebliche Weingärten – im Osten Kanadas findet man eine faszinierende Vielfalt an Landschaften und Lebensformen, hier rücken die Kontraste des Landes eng zusammen. Der kanadische Schild, der sich nördlich des St.-Lorenz-Tieflands und der Großen Seen in einem weiten Halbkreis von der Hudson Bay bis Labrador erstreckt, ist eine fast gänzlich unerschlossene und menschenleere Region mit unzähligen Seen, unermesslichen Wäldern und Tundren.

Berühmte Theater und Museen machen die Millionenstädte Toronto, Montréal und die Bundeshauptstadt Ottawa zu Fixpunkten im Osten Kanadas. Schottische, irische und bretonische Einwanderer haben den Fischerdörfern und Hafenstädten am Atlantik ihren Stempel aufgedrückt. Am St.-Lorenz-Strom zwischen Montréal und Québec City schlägt das Herz des französischsprachigen Kanada. Montréal ist heute nach Paris die zweitgrößte französisch sprechende Stadt der Welt und Québec City einzigartig in Nordamerika mit ihrer Altstadt und der mächtigen Zitadelle.

Eines der spektakulärsten Naturschauspiele der Welt bieten die donnernden Wasser der Niagarafälle an der Grenze zu den USA. Geprägt vom Meer sind die Inseln Newfoundland mit Labrador, New Brunswick, Nova Scotia und Prince Edward Island. Vom Meer aus wurden sie besiedelt und die meisten ihrer Einwohner leben in Küstennähe, in einsamen Dörfern und malerischen Hafenstädtchen.

Seit dem 1. April 1999 gibt es im hohen Norden Ostkanadas eine neue Provinz: Nunavut, »Unser Land«. Nach langjährigen Verhandlungen zwischen den Vertretern der Inuit und der kanadischen Regierung wurden die Northwest Territories geteilt und das Territorium, das von der Hudson Bay bis Ellesmere Island reicht, zur selbstständigen Provinz mit der Hauptstadt Iqaluit.

Linke Seite:
Der hier zwischen Bürofassaden aufragende CN-Tower von Toronto ist nicht nur das Wahrzeichen der Stadt, sondern auch ein nationales Symbol Kanadas. Mit seinen 553 Metern ist er der zweithöchste Turm der Welt und er wurde sogar in die »Liste der Sieben Wunder der modernen Welt« aufgenommen.

Vom neugotischen Bau der Houses of Parliament aus, hoch über dem Ottawa River, wird Kanada regiert. Als Königin Victoria 1857 die damalige Holzfällersiedlung Ottawa zur Hauptstadt machte, spotteten die Bürger von Montréal und Toronto noch über das »Westminster in der Wildnis«.

Mitten durch Ottawa führt der Rideau-Kanal, der 1826 bis 1832 unter Umgehung der Stromschnellen des St.-Lorenz-Stroms eine sichere Wasserstraße zum Lake Ontario schuf.

Seite 104/105:
Bei sonnigem Wetter scheint – egal, wie die Sonne auch steht – immer ein Regenbogen aus der Gischt der Horseshoe Falls herauf. Unter dem Regenbogen tut sich für die Besucher der kanadischen Niagara Falls jedoch ein brodelnder, tosender Abgrund auf.

Das donnernde Wasser – die Niagarafälle

Schon seit Tagen lag ein dumpfes Grollen in der Luft, als 1678 der belgische Jesuitenpater Louis Hennepin auf uralten Indianerpfaden den Weg vom Westufer des Lake Ontario ins Landesinnere erkundete. Vor Staunen überwältigt stand er schließlich als erster Europäer vor den gewaltigen Wassermassen, die sich aus dem Lake Erie kommend über eine mächtige Kalksteinstufe brüllend in die Tiefe stürzen. »Niagara«, »das donnernde Wasser«, nannten die Indianer diesen Ehrfurcht gebietenden Ort, wo aus dem weiß schäumenden Kessel des Katarakts eine turmhohe Säule aus Wasserdampf und bei Sonnenschein ein farbenprächtiger Regenbogen in den Himmel steigt.

Heute besuchen alljährlich bis zu 14 Millionen Menschen das Naturschauspiel an der Grenze Kanadas zu den USA und sind kaum weniger beeindruckt von den rund 20 Millionen Kubikmetern Wasser, die sich stündlich über die Abbruchkante wälzen. Die 305 Meter breiten American Falls sind durch eine Insel, Goats Island, vom weiten Bogen der kanadischen Horseshoe Falls getrennt. Dort stürzen auf 640 Metern Breite etwa 90 Prozent der Wassermassen des Niagara River in einer kompakten Wand aus Wasser, Gischt und Nebel 50 Meter tief über die Kammlinie.

Die Entstehung der Niagarafälle reicht bis in die letzte Eiszeit zurück. Nach dem Abschmelzen der Gletscher suchte sich Lake Erie einen neuen Abfluss nach Osten, wo eine härtere Kalksteinschicht den darunterliegenden Schiefer und Sandstein überlagert. Durch rückschneidende Erosion wandert die härtere Abbruchkante allmählich immer weiter flussaufwärts, zurzeit pro Jahr um etwa 10 bis 30 Zentimeter.

Ein erstes Gasthaus bei Table Rock entstand bereits Ende des 18. Jahrhunderts; der große Massenandrang setzte aber erst im 19. Jahrhundert ein. Heute säumen Panoramastraßen beide Ufer und von drei Aussichtstürmen kann man das überwältigende Schauspiel aus schwindelnder Höhe genießen. Wer den besonderen Kitzel sucht, kann mit einem Helikopter direkt über die Abbruchkante fliegen. Über die brodelnden Whirlpool Rapids führt eine altertümliche Seilbahn und hinter dem Vorhang der tosenden Wassermassen hat man eine Galerie in den Fels gesprengt. Für Liebhaber der Froschperspektive liegen Motorboote bereit, die ihre Passagiere durch schäumende Strudel und tropfende Wasserschleier bis zum Fuß der Horseshoe Falls schippern, Regenumhang, Südwester und Gummistiefel sind im Fahrpreis inbegriffen. Selbstverständlich sind die Fälle auch nachts illuminiert.

Schon im 19. Jahrhundert übte der kochende Strudel eine magische Anziehungskraft auf waghalsige Artisten und todesmutige Amateure aus. Ihre haarsträubenden Heldentaten sind in der Daredevils Hall of Fame in Niagara Falls für die Nachwelt überliefert. »Der große Blondin«, ein französischer Hochseil-Akrobat, spannte 1859 ein 335 Meter langes Seil über den Abgrund und machte sich mit dem Schubkarren und einem Kocher auf den Weg, um in schwindelnder Höhe sein Essen zuzubereiten. Die erste Frau, die die Niagara Falls auf dem Drahtseil überquerte, hieß Maria Spelterina. Schon 1911 suchte ein Flugpionier den absoluten Kick, indem er unter der Brücke hindurchflog, die den Niagara River überquert. Ein besonders makabres Abenteuer für Lebensmüde war es, sich in Fässern und anderen kuriosen Gefährten über die Wasserkante treiben zu lassen. Einige überlebten und genossen für kurze Zeit den Schauder der Mitwelt, andere wurden tot geborgen oder blieben für immer verschollen. Ann Taylor aus Michigan bekam es 1901 im letzten Augenblick mit der Angst zu tun und wollte wieder aus ihrem Fass heraus, aber ihre Helfer hatten die Halteseile schon gekappt. Sie hatte Glück und überlebte den Höllenritt. Seit 1951 sind solche waghalsigen Abenteuer verboten. Unbeabsichtigt wurde 1961 der siebenjährige Roger Woodward nach einem Bootsunglück über die Fälle getrieben – glücklicherweise mit einer Schwimmweste bekleidet. Der Kapitän der »Maid of the Mist« fischte ihn nach seinem 50-Meter-Sturz wohlbehalten wieder aus dem Wasser.

Links:
Romantisch verklärt sahen Schriftsteller und Maler wie Thomas Chambers die Niagara Falls um 1840. Charles Dickens schrieb, dass »es einem Menschen schwer fallen dürfte, Gott näher zu sein, als hier«.

Oben:
Die »donnernden Wasser« der Niagara Falls wurden von dem Jesuiten Louis Hennepin als erstem Weißen 1678 entdeckt,

während den Irokesen, die den Fällen den Namen gaben, dieses Naturwunder wohl schon lange bekannt war.

Rechts oben:
Auf der »Journey behind the Falls« kann man die Horseshoe Falls hautnah hinter der Wasserwand erleben.

Rechts Mitte:
Vom Drehrestaurant im Skylon Tower genießt man aus schwindelnder Höhe einen überwältigenden Ausblick über das weite Halbrund der Horseshoe Falls.

Rechts:
Wer die unmittelbare Begegnung mit den Strudeln und Gischtwolken am Fuß der dröhnenden Wasserwand sucht, dem verhilft die »Maid of the Mist« zu einem tropfnassen Bootsvergnügen.

Unten:
In der Heimat wegen ihres Glaubens verfolgt, kamen sie mit dem Quäker-Führer William Penn vor über 200 Jahren nach Nordamerika und fanden schließlich in Süd-Ontario eine neue Heimat. Strenggläubige Mennoniten lehnen jede Form moderner Technik ab.

Rechts:
Ihre Farmen rund um Kitchener, Waterloo oder St. Jacobs in Süd-Ontario bestellen die Mennoniten wie vor Jahrhunderten.

Rechts oben und Mitte:
Wie eh und je fahren die Mennoniten mit dem Pferdewägelchen zum Bauernmarkt (oben) oder zum Gottesdienst in ihren schlichten Versammlungshäusern.

Rechts unten:
Mennonitische Kinder können auf eine unschuldige Kindheit bauen. Keine Fernseher zeigen ihnen Kriege und Gewalt, Walkman und Playstation sind unbekannt – als Unterhaltung bleibt nur Ballspielen.

Rechts:
Melancholische Herbststimmung bei St. Jovite an einem der vielen Seen in den Laurentides.

Oben:
Tief versteckt in den Wäldern der Laurentides liegen als Relikte der letzten Eiszeit zahllose, langgezogene Seen – oft nur erreichbar mit dem Wasserflugzeug.

Links:
Wanderer, Wassersportler und Angler finden in den Laurentides ein schier unerschöpfliches Freizeitrevier.

Unten:
Nördlich von Montréal steigt der kanadische Schild zum Mittelgebirge der Laurentides an. Die schönste Zeit dort ist der Herbst, wenn nach den ersten Nachtfrösten die »Foliage« einsetzt, wie der »Indian Summer« auf Französisch genannt wird: Aus sattem Grün wird jetzt flammendes Gelb oder leuchtendes Rot, wie hier am Lac Superieur bei St. Jovite.

VAN BRUYSSELS

Linke Seite:
Während des kanadischen Winters erstarrt die große Wasserstraße des St.-Lorenz-Stroms unter einer dicken Eisdecke. Das kleine Fischerboot sitzt erst mal fest.

Vom Überseefrachter bis zum kleinen Fischkutter legt die Schifffahrt eine dreimonatige Zwangspause ein, bis das Eis des St.-Lorenz-Stroms wieder bricht.

Auch auf der Ile d'Orléans, nur wenige Kilometer stromabwärts von Québec City, kehrt im Winter absolute Stille ein. Solange drinnen im Kamin ein anheimelndes Feuer prasselt, soll der eisige Wind ruhig durch die Straßen fegen.

Unten:
Montréal, Metropole mit französischem Flair: Die Aussichtsplattform auf dem Mont Royal, dem Namensgeber der Stadt, blickt weit über das Tiefland des Sankt-Lorenz-Stroms und die modernen Bürotürme der Innenstadt.

Rechts oben:
Eine überlebensgroße Plastik des kanadischen Bildhauers Raymond Masson schmückt den Platz vor der imposanten Glasfassade der Banque National in Montréal.

Rechts Mitte:
Zwischen alten Bäumen und gepflegten Vorgärten herrscht wohltuende Behaglichkeit in den Wohnvierteln rund um die Universität von Montréal.

Rechts unten:
In ihren ungezählten Cafés und Restaurants pflegen die Bürger von Montréal die Kultur des »savoir vivre«, der heiteren Lebensart ihrer sinnenfrohen Metropole.

Unten:
Von der Kleinstadt Lévis auf der gegenüberliegenden Seite des Sankt-Lorenz-Stroms hat man einen wundervollen Blick auf die Silhouette von Québec City. Das auf dem ehemaligen Gouverneurshügel gelegene Château Frontenac überragt dabei weithin sichtbar die alte Hauptstadt von »Nouvelle France«: Das Wahrzeichen von Québec wurde 1892 von der Canadian Pacific Railroad als Luxushotel errichtet.

Rechts:
Obwohl Lévis eine Kleinstadt ist, schmücken imposante Häuser der Jahrhundertwende ihre Straßen.

Links:
Ein wenig unterhalb des Château Frontenac ehrt ein Denkmal Samuel de Champlain (circa 1570 bis 1635). Er war der Entdecker des Sankt-Lorenz Gebietes und der Gründervater von Québec.

Oben:
Ein Hauch von Montmartre liegt über dem Quartier Petit-Champlain am Rand der Oberstadt von Québec. Hier drängen sich Cafés und die Läden von Kunsthandwerkern und Künstlern.

Unten:
Die buchtenreiche Prince Edward Island mit nur ca. 135 000 Einwohnern ist die kleinste Provinz Kanadas. Die fruchtbare Erde und das milde Klima ermöglichen eine intensive landwirtschaftliche Nutzung. Die ländliche Atmosphäre, die schönen Strände und das gute Essen machen die Insel liebenswert.

Rechts oben:
In den Fischerorten an der Nordküste der Prince Edward Island werden vorwiegend Muscheln und Hummer gefangen. Ein alter Leuchtturm weist den heimkehrenden Booten die Einfahrt in den Hafen von North Rustico.

Rechts Mitte:
Winzige, bunte Fischerdörfer wie French River säumen auch die liebreizende Landschaft rund um die New London Bay auf Prince Edward Island.

Rechts unten:
In der Idylle von New London auf Prince Edward Island spielt auch die rührende Erzählung »Anne of Green Gables« aus dem Jahr 1908 von Lucy Maud Montgomery, die nicht nur in Kanada zum Bestseller wurde. Die Autorin stammte aus New London, wo ihr Geburtshaus heute eine Kultstätte für Besucher aus aller Welt ist.

Rechte Seite:
Bis zu 16 Meter kann am Cape Hopewell in der Bay of Fundy (New Brunswick) der Tidenhub betragen. Der Wechsel der Gezeiten hat aus den Uferfelsen die bizarren Formen der sogenannten Flowerpots gefressen.

Das Meer als Naturgewalt gestaltet die Küste zwischen Waterside und Alma an der Bay of Fundy in New Brunswick.

Vierzig Kilometer lang zieht sich der Küstenabschnitt des Prince Edward Island National Park im Norden der Insel entlang. Der weiche, rote Sandstein der Klippen bei Orby Head wird unerbittlich von Wind und Wetter zerbröselt.

Oben:
Rund 150 Meter erhebt sich der Signal Hill über der engen Hafeneinfahrt von St. John's, der Hauptstadt von Newfoundland. An der »Battery« tuckern die Boote an einer Reihe von bunten Fischerhäusern vorbei aufs Meer hinaus.

Rechts:
Noch im 19. Jahrhundert war Battle Harbour, auf einer kleinen Insel nördlich der Strait of Belle Isle, einer der wichtigsten Fischerhäfen. Heute ist die ehemalige »Hauptstadt von Labrador« nur noch ein Museumsdorf.

Links:
Noch heute hängen 50 Prozent aller Arbeitsplätze auf Newfoundland von der Fischerei ab. Über die Tintenfische, die hier zum Trocknen aufgehängt werden, hätte man früher nur müde gelächelt. Aber seit dem Fangverbot für Kabeljau wegen eines dramatischen Rückgangs der Bestände haben sich Fischerkooperativen notgedrungen auf andere Meeresfrüchte umgestellt.

Unten:
Ferryland an der Südküste der Halbinsel Avalon war vor langer Zeit einmal die englische Hauptstadt von Newfoundland. Die erste Kolonie wurde schon 1621 auf Befehl von Sir George Calvert gegründet, zwischenzeitlich wieder aufgegeben und 1763 von den Franzosen zerstört.

Links oben:
Nur wenige Menschen trotzen dem rauen Klima an der Küste von Labrador, die meisten von ihnen leben von der Fischerei. Feste Siedlungen wie Black Tickle entstanden meist erst im 19. Jahrhundert.

Links Mitte:
Schwere Brecher des Atlantiks haben die Klippen bei Portugal Cove an der Conception Bay auf Newfoundland wie mit dem Hobel abgezogen.

Links unten:
Saint John ist der größte Hafen von New Brunswick. Ein Boot der Küstenwache liegt immer startklar an der Mole, denn starke Strömungen und extreme Tidenunterschiede machen die Bay of Fundy zu einem tückischen Gewässer.

Unten:
Nur ein paar verstreute Häuser liegen um den kleinen Hafen von Battle Harbour in Labrador. Das ehemalige Fischerdorf aus dem 19. Jahrhundert wurde restauriert und kann nur zwischen Mitte Juni und September mit dem Schiff besucht werden.

Von Bay Bulls, einer der ältesten Siedlungen auf Newfoundland, führen Bootsausflüge zu den nördlich liegenden Vogelkolonien auf den steilen Klippen an der Südküste der Halbinsel Avalon.

Auch Cape St. Mary's am südöstlichsten Zipfel der Halbinsel Avalon ist Vogelschutzgebiet. Dort nisten Sturmvögel, Lummen, Seeschwalben und Möwen.

Rechts:
Von unten kann man die imposanten Felsen an der Sea-Stags nördlich von Bay Bulls nur von einem Boot aus betrachten.

Rechts:
Nur zu Fuß kann man das Vogelschutzgebiet Cape St. Mary's Ecological Reserve erreichen. Am Bird Rock bricht sich der Atlantik an fast 100 Meter hohen Klippen. Die riesige Brutkolonie von Zehntausenden von Sturmvögeln und Tölpeln leuchtet von fern wie Schnee in der Sonne.

O'BRIEN'S
O'BRIEN'S

Vom Hundeschlitten zum Schneemobil – die kanadischen Inuit

Die Bezeichnung Inuit, die sie sich in ihrer eigenen Sprache, dem Inuktitut, geben, bedeutet einfach nur »Menschen«. Den früher verbreiteten Namen »Eskimos« hören sie gar nicht gerne, denn das ist eine geringschätzige Bezeichnung aus der Sprache der Algonkin-Indianer, ihrer über Jahrhunderte größten Feinde, und bedeutet »Rohfleischfresser«. Allerdings steckt ein Körnchen Wahrheit in diesem Schimpfwort, denn die Inuit können aufgrund einer genetischen Besonderheit tierische Aminosäuren besser verwerten als andere Menschen und sich daher fast ausschließlich von Fleisch, Fisch, Robbenleber und Tran ernähren, eine Voraussetzung für ihr Überleben in Kälte, Eis und Schnee.
Die klassisch-romantische Vorstellung vom Leben im Iglu, der Robbenjagd im Kajak, dem Fischfang am Eisloch und der Karibujagd auf dem Hundeschlitten gehört heute jedoch weitestgehend der Vergangenheit an. Die rund 55 700 kanadischen Inuit sind sesshaft geworden und siedeln weit verstreut in 53 kleinen und kleinsten Ortschaften, von denen nur die Hauptstadt des neuen autonomen Territoriums Nunavut, Iqaluit auf Baffin Island, mehr als tausend Einwohner zählt. Das Fischen und Jagen, das Jahrhunderte lang im Mittelpunkt ihrer Lebensweise gestanden hatte, ist für die große Mehrzahl nur noch eine Freizeit- und Nebenbeschäftigung.
Ihre Vorfahren erreichten aus Sibirien kommend vor etwa 4000 Jahren Alaska. Sie fertigten Werkzeuge aus Elfenbein, Knochen, Geweihen und Stein und benutzten schon Kajaks. Eine Klimaabkühlung vor etwa 2800 Jahren machte Änderungen ihres Lebensstils notwendig. Die Menschen dieser zweiten Periode, benannt nach Cape Dorset auf Baffin Island, bauten als erste Schneehäuser, die bekannten Iglus, und begannen mit der Harpune Jagd auf große Meeressäugetiere zu machen. Im Zuge einer neuen Einwanderungswelle etwa um 1000 nach Christus verbreitete sich die neue, technisch überlegene Thule-Kultur rasch bis zur Westküste Grönlands und Ellesmere Island im hohen Norden. Die Inuit spannten Hunde vor ihre Schlitten und erlegten auf ihren Jagdausflügen nicht nur Walross, Seehund, Beluga und Narwal, sondern jagten auf großen Booten sogar den riesigen Pottwal. Nach 1400 erzwang eine »kleine Eiszeit« den Rückzug aus ihren nördlichsten Siedlungen und eine gravierende Änderung ihres Lebens. Die Jagd auf Seehunde und Robben wurde nun zu ihrer primären Lebensgrundlage. Mit ihren Hundegespannen legten sie weite Strecken zurück, im Sommer überwanden sie in Umiaks, großen Lastenbooten, gewaltige Distanzen in der Inselwelt des Nordpolarmeers.
Vereinzelte Forscher auf der Suche nach einer Nordwestpassage zwischen Atlantik und Pazifik waren die ersten Europäer, die mit diesem freundlichen Volk in Berührung kamen. Rasante Veränderungen ihrer Kultur und ihres Lebensstils begannen erst, als britische Walfänger seit Beginn des 19. Jahrhunderts an den Küsten der arktischen Gewässer feste Stützpunkte einrichteten. Den endgültigen Bruch mit ihren Traditionen leitete aber der Zweite Weltkrieg ein. Nach dem Bau militärischer Stützpunkte, Flugplätze, Wetter- und Radarstationen hielt die moderne Welt mit all ihrem Komfort und all ihren Problemen Einzug bis in den entlegensten hohen Norden. In der Nachkriegszeit entdeckte man große Lagerstätten von Erdöl, Erdgas und Mineralien. Mit der sinkenden Nachfrage nach Pelzen verloren die Inuit ihre bis dahin wichtigste Einkommensquelle, viele Gruppen wurden entwurzelt und umgesiedelt. Von den vielen Bemühungen, neue Einkommensquellen zu erschließen, erwies sich die Förderung des traditionellen Kunsthandwerks als am erfolgreichsten. Schon immer hatten die Inuit eine ungewöhnliche Begabung beim Schnitzen von Gebrauchsgegenständen und figürlichen Darstellungen aus Walrosszähnen oder Speckstein bewiesen.

Links:
Noch vor hundert Jahren führten die Inuit ein nomadisches Leben. Auf großen, schwer beladenen Hundeschlitten transportierten sie ihre Besitztümer von Ort zu Ort.

Links oben:
Iglus dienten den Inuit im Gegensatz zur landläufigen Meinung nicht als feste Behausungen, sondern sie wurden auf ihren Jagdzügen als vorübergehende Unterkünfte gebaut.

Oben:
Das Eislochfischen auf dem Padlee Lake in Nunavut ist für den Inuk Awa Peta heute in erster Linie nur noch ein Freizeitvergnügen.

Bilder rechts, von oben nach unten:
Von den Indianern wurden die Huskies vor langer Zeit gezüchtet, aber die Inuit erfanden die Kunst, sie vor Schlitten zu spannen. Im fächerförmigen Geschirr ist jedes Tier einzeln durch ein Zugseil mit dem Schlitten verbunden.

Inuit schätzen frisches, rohes Robbenfleisch als Delikatesse.

Mit einem leckeren Lachs belohnt wird nur, wer Geduld und gutes Sitzfleisch bei klirrender Kälte mitbringt.

Mit dem Hundeschlitten gehen nur noch wenige Inuit auf Jagd. Snow Skooter ersetzen heute meist die Schlittenhunde.

Linke Seite:
Heute war dem Inuk das Anglerglück hold. Nach einem langen kalten Tag geht es mit Karacho heim in die warme Stube.

Auf längeren Exkursionen bauen die Inuit heute kein Iglu mehr als Nachtlager. Moderne Zelte aus kälteabweisenden Fasern haben auch auf Baffin Island längst Einzug gehalten.

Wenn arktische Schneestürme durch Paulatuk fegen, sinkt das Thermometer oft bis auf minus 40 Grad. Die Ansiedlung von rund 200 Küsteninuit am Amundsen Golf (Northwest Territories) wurde 1935 als katholische Mission und Handelsstation gegründet.

Seite 132/133:
1953 begann die kanadische Regierung, Inuitfamilien in Ausuittuq am Grise Fjord auf Ellesmere Island anzusiedeln. Auch in der nördlichsten Siedlung Kanadas ist Eishockey für die Jugend das Freizeitvergnügen Nummer Eins.

Register

ALASKA
USA
Ivvavik NP
Vuntut NP
Fairbanks
Inuvik
YUKON
TERRITORY
Dawson
Selwyn Mountains
Mackenzie Mountains
Mt. Logan 5.959 m
Kluane NP
Carmacks
Whitehorse
Cassiar Mountains
Haines
Juneau
Watson Lake
Cassiar
Fort Liard
Fort Nelson
BRITISH
COLUMBIA
Stewart
Hazelton
Prince Rupert
Terrace
Williston Lake
Fort St. John
Dawson Creek
Queen Charlotte I.
Queen Charlotte Sound
Prince George
Grande Prairie
Quesnel
Williams Lake
Port Hardy
Campbell River
Mt. Robson 3.954 m
Jasper
Glacier NP
Yoho NP
Banff
Vancouver
Kamloops
Pacific Rim NP
Nanaimo
Kelowna
Mt. Revelstoke NP
Victoria
Nelson
Cranbrook
Seattle
Waterton Lakes NP
Portland
PAZIFISCHER OZEAN
Rocky Mountains

Banks Island
Melville I.
Devon Island
GRÖNLAND
Baffin Bay
Somerset Island
Prince of Wales I.
Victoria Island
Baffin Island
Davis Strait
Kugluktuk
Melville Peninsula
Foxe Basin
NUNAVUT
Iqaluit
ATLANTISCHER OZEAN
Yellowknife
Southampton Island
Coral Harbour
Hudson Strait
Great Slave Lake
Rankin Inlet
TERRITORIES
KANADA
Ungava Peninsula
Ungava Bay
Lake Athabasca
Hudson Bay
Nain
Churchill
Inukjuak
NEWFOUNDLAND and LABRADOR
Labrador
Reindeer Lake
Lynn Lake
Wapusk NP
Belcher I.
Goose Bay
Port Hope Simpson
SASKATCHEWAN
Thompson
Fort Severn
L'Anse aux Meadows Nat. Historic Site
La Ronge
Prince Albert NP
Flin Flon
James Bay
Wabush
QUÉBEC
Gros Morne NP
Gander
Terra Nova NP
MANITOBA
Prince Albert
Big Trout Lake
Gagnon
Corner Brook
St. John's
Kindersley
Saskatoon
Lake Winnipeg
Lake Winnipegosis
Sandy Lake
ONTARIO
Eastmain
Havre-St-Pierre
Strait of Belle Isle
Sept-Iles
Island of Newfoundland
Yorkton
Dauphin
Albany
Moosonee
Mistassini
Forillon NP
Gulf of St. Lawrence
Channel Port-aux-Basques
Swift Current
Regina
Riding Mtn. NP
Red Lake
Baie Comeau
Gaspé
Mont-Joli
Cape Breton Highlands NP
Maple Creek
Brandon
Winnipeg
Lake Nipigon
St. Lawrence
Chicoutimi
Bathurst
PRINCE EDWARD I.
Glace Bay
Estevan
Kenora
Longlac
Roberval
Kouchibouguac NP
Charlottetown
Cape Breton I.
Thunder Bay
Marathon
Kirkland Lake
Amos
Edmundston
Prince Edward Island NP
Fort Frances
Pukaskwa NP
Wawa
La Mauricie NP
Québec
Moncton
NEW BRUNSWICK
NOVA SCOTIA
Lake Superior
Trois Rivières
St. John
Halifax
Sudbury
North Bay
Pembroke
Montréal
Sherbrooke
Kejimkujik NP
Nova Scotia
Sault-Ste.-Marie
Bruce Peninsula NP
Georgian Bay Is. NP
Ottawa
Yarmouth
Lake Huron
Huntsville
USA
Minneapolis
Toronto
Newcastle
Portland
Kitchener
L. Ontario
Hamilton
Niagara Falls
Boston
Lake Michigan
Sarnia
London
Detroit
ATLANTISCHER OZEAN
Point Pelee NP
L. Erie
Chicago
New York

In einer altertümlichen Druckerei im Museumsdorf Barkerville (British Columbia) werden die »neuesten Nachrichten« aus der Goldgräberstadt gedruckt.

Impressum

Buchgestaltung
www.hoyerdesign.de

Karte
Fischer Kartografie, Aichach

Printed in Italy
Repro: Artilitho snc, Lavis-Trento, Italien
www.artilitho.com
Druck und Verarbeitung: Grafiche Stella srl, Verona, Italien
www.grafichestella.it

ISBN 978-3-8003-4069-9

Bildnachweis
Martin Schulte-Kellinghaus und Erich Spiegelhalter
Schutzumschlag vorne, S. 5, S. 6–8, S. 16/17, S. 18/19, S. 24–27, S. 28 links oben und Mitte, S. 29–31, S. 34/35, S. 38/39, S. 42–47, S. 49, S. 52/53, S. 56–59, S. 60 kleines Bild, S. 61 rechts (4 Abb.), S. 62–65, S. 68/69, S. 72–79, S. 82–93, S. 94/95 großes Bild, S. 95 rechts (4 Abb.), S. 96–99, S. 136.

Karl-Heinz Raach
Schutzumschlag hinten, S. 9, S. 10/11, S. 12/13, S. 14/15, S. 20/21, S. 22/23, S. 28 links unten, S. 32/33, S. 36/37, S. 40/41, S. 48, S. 50/51, S. 54/55, S. 60/61 großes Bild, S. 66/67, S. 70/71, S. 80/81, S. 100–105, S. 106 rechts oben, S. 106/107 großes Bild, S. 107 rechts (2 Abb.), S. 108–127, S. 128/129 großes Bild, S. 129 rechts (4 Abb.), S. 130–133.

Verlagsarchiv
S. 94 links oben, S. 94 links unten, S. 106 ganz links, S. 128 links oben, S. 128 links unten.